(　　)がつ (　　)にち (　　)ようび　　レベル ★☆☆☆☆

ぞう　めいろ

➡から ⇨まで、めいろを たどりましょう。

解けたら、花まるを描いてあげましょう。

 基本の迷路です。すぐに解答を書いてしまわずに、まずは指でなぞってみましょう。よく考えて、確認することが大切です。先を見通す力を養いましょう。

(　　)がつ(　　)にち(　　)ようび　レベル ★☆☆☆☆

てんとうむし　めいろ

➡から ➡まで、めいろを たどりましょう。

基本の迷路です。すぐに解答を書いてしまわずに、まずは指でなぞってみましょう。よく考えて、確認することが大切です。先を見通す力を養いましょう。

(　　)がつ (　　)にち (　　)ようび　　レベル ★☆☆☆☆

ふくろう　めいろ

➡ から ➡ まで、めいろを たどりましょう。

基本の迷路です。すぐに解答を書いてしまわずに、まずは指でなぞってみましょう。よく考えて、確認することが大切です。先を見通す力を養いましょう。

(　　)がつ(　　)にち(　　)ようび

なにに　なるかな？

●から ●まで、めいろを　たどりましょう。
できたら　とおった　みちに　いろを　ぬってね。
なにに　なるかな。

(　　)がつ（　　　）にち（　　　　）ようび　　レベル ★☆☆☆☆

なにに　なるかな？

🔴から🔵まで、めいろを　たどりましょう。
できたら　とおった　みちに　いろを　ぬってね。
なにに　なるかな。

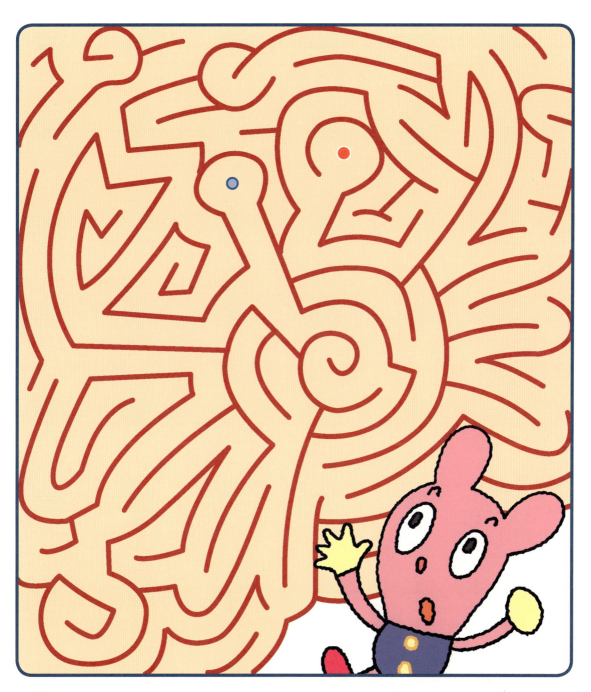

色を塗る迷路です。問題を解いてから色を塗りましょう。線からはみださないように注意して色を塗ると、運筆や手先の巧緻性の練習になります。現れた絵について話すのもよいですね。

(　　)がつ(　　)にち(　　)ようび　レベル ★☆☆☆☆

ゆうえんち　めいろ

すべての　のりものを　とおって
➡から ➡まで、めいろを　たどりましょう。

基本の迷路です。すぐに解答を書いてしまわずに、まずは指でなぞってみましょう。よく考えて、確認することが大切です。通ってきた順に、どんな乗り物かを説明してもらいましょう。

( )がつ ( )にち ( )ようび　レベル ★☆☆☆☆

ジャングルジム　めいろ

➡から ➡まで、めいろを たどりましょう。
てっぺんまで いけるかな。

( )がつ ( )にち ( )ようび　レベル ★★☆☆☆

おはなし　めいろ

いっすんぼうしが おにを たいじしながら
おひめさまの もとへ むかうよ。
➡から ⇨まで、めいろを たどりましょう。

ポイントを通過する条件付きの迷路です。ポイントを通過する際、勢いでそのまま先に進まず、一旦止まってゴールへの道筋を考えましょう。

(　)がつ　(　)にち　(　)ようび　　レベル ★★★☆☆

おはなし　めいろ

かめが　ねている　うさぎの　うえを　とおって
ゴールまで　いくよ。

➡から　➡まで、めいろを　たどりましょう。

(　)がつ（ 　 ）にち（ 　 ）ようび　　レベル ★★☆☆

そらとぶ　めいろ

そらを　とぶ　どうぶつや　のりものだけを　とおって
➡から　➡まで、めいろを　たどりましょう。

ポイントを通過する条件付きの迷路です。まず、空をとぶ乗り物や生き物に、○をつけてしまいましょう。
その上で、各ポイントで、次はどのようなルートでポイントにいくかを考えながら解いてみましょう。

( )がつ ( )にち ( )ようび　レベル ★★☆☆☆

おつかい めいろ

パンと いちごと ノートを かいながら
➡から ➡まで、めいろを たどりましょう。
よりみちを しないで ゴールを めざそう。

ポイントを通過する条件付きの迷路です。各ポイントで、次はどのようなルートでポイントにいくかを考えながら解いてみましょう。いちごやノートは何屋さんで売っているのか、楽しくお話ししてみてください。

(　　)がつ (　　)にち (　　)ようび　　レベル ★★☆☆☆

なにに　なるかな？

● から ● まで、めいろを　たどりましょう。
できたら　とおった　みちに　いろを　ぬってね。
なにに　なるかな。

(　　)がつ(　　)にち(　　)ようび　レベル ★★☆☆☆

なにに　なるかな？

● から ● まで、めいろを たどりましょう。
できたら とおった みちに いろを ぬってね。
なにに なるかな。

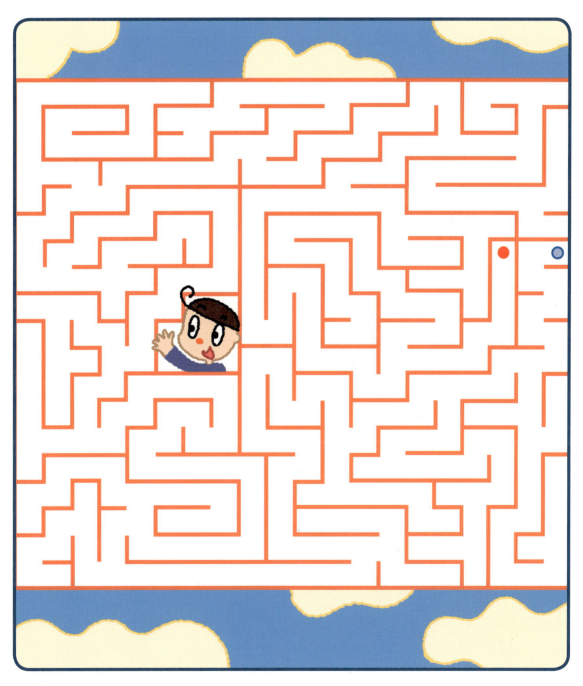

( )がつ ( )にち ( )ようび　レベル ★★★☆☆

ごちそう　めいろ

すべての バナナを あつめて
➡から ➡まで、めいろを たどりましょう。

(）がつ（ ）にち（ ）ようび レベル ★★★☆☆

ごちそう　めいろ

すべての　さかなを　あつめて
➡から　➡まで、めいろを　たどりましょう。

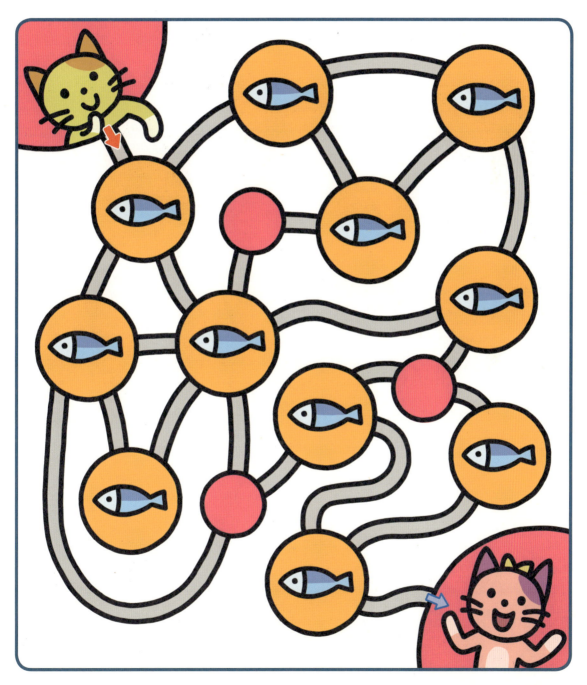

(　　)がつ(　　)にち(　　)ようび　レベル ★★☆☆☆

なにに　なるかな？

●から ●まで、めいろを たどりましょう。
できたら とおった みちに いろを ぬってね。
なにに なるかな。

(　　)がつ (　　)にち (　　)ようび　　レベル ★★☆☆☆

なにに　なるかな？

● から ● まで、めいろを たどりましょう。
できたら とおった みちに いろを ぬってね。
なにに なるかな。

　色を塗る迷路です。問題を解いてから色を塗りましょう。線からはみださないように注意して色を塗ると、運筆や手先の巧緻性の練習になります。現れた絵について話すのもよいですね。

（　）がつ（　）にち（　）ようび　レベル ★★☆☆☆

ケーキ　めいろ

➡から ➡まで、めいろを たどりましょう。

(　　)がつ (　　)にち (　　)ようび　　レベル ★★★☆☆

あみもの　めいろ

➡️から ➡️まで、めいろを　たどりましょう。

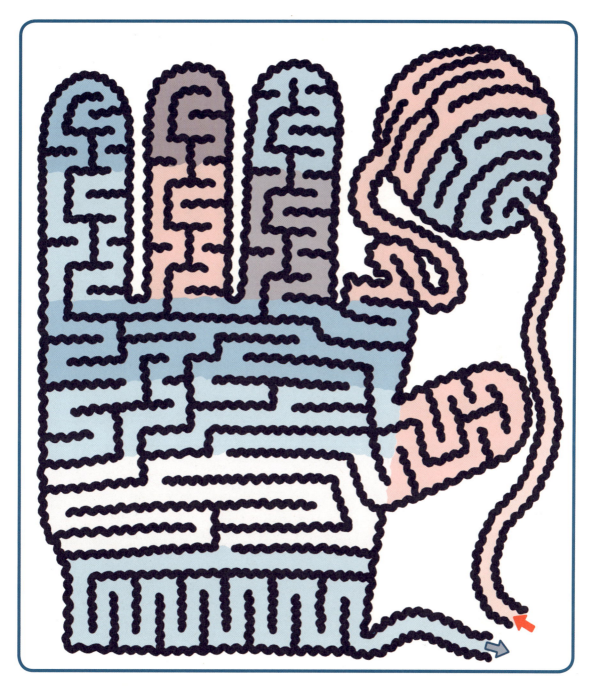

基本の迷路です。すぐに解答を書いてしまわずに、まずは指でなぞってみましょう。よく考えて、確認することが大切です。先を見通す力を養いましょう。

( )がつ ( )にち ( )ようび　　レベル ★★★☆☆

ひらがな　めいろ

てっぱんの　うえに　ある　もじを　ひろいながら
➡から　⇨まで、めいろを　たどりましょう。
とおった　もじを　よむと　どんな　ことばに　なるかな。

( )がつ ( )にち ( )ようび　レベル ★★★☆☆

しりとり　めいろ

しりとりを　しながら
➡から　➡まで、めいろを　たどりましょう。
マスカットの　ところまで　いけるかな。

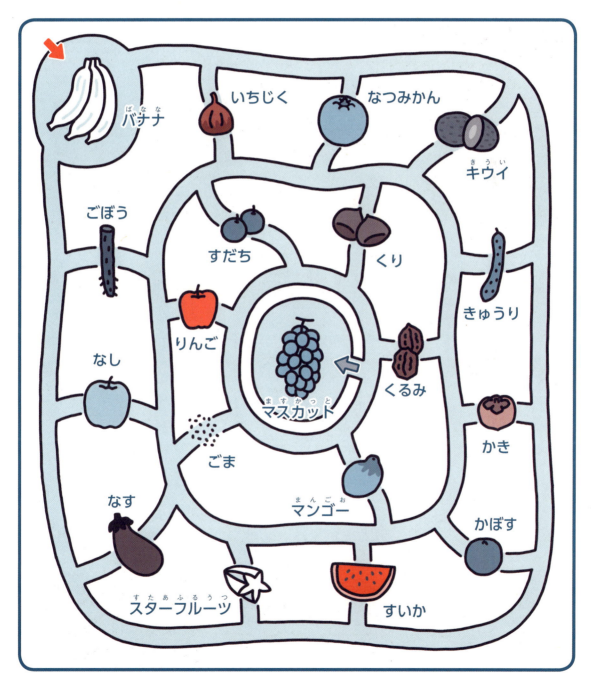

　しりとりを使った条件付きの迷路です。しりとりのルールを理解して、文字を読みながら解いていきましょう。普段からしりとり遊びをしていると、語彙が増えます。

(　　)がつ(　　)にち(　　)ようび　レベル ★★☆☆

かいぞくせん　めいろ

おおきな　かいぞくせんの　なかを　とおって
➡から　⇨まで、めいろを　たどりましょう。

基本の迷路です。すぐに解答を書いてしまわずに、まずは指でなぞってみましょう。よく考えて、確認することが大切です。先を見通す力を養いましょう。

( )がつ ( )にち ( )ようび　レベル ★★☆☆

きょうりゅう　めいろ

➡から ➡まで、めいろを たどりましょう。

基本の迷路です。すぐに解答を書いてしまわずに、まずは指でなぞってみましょう。よく考えて、確認することが大切です。先を見通す力を養いましょう。

( )がつ（ ）にち（ ）ようび　レベル ★★★☆

だっしゅつ　めいろ

おばけやしきの　なかを　とおって
➡から　➡まで、めいろを　たどりましょう。
おばけが　いる　ところは　とおれないよ。

( )がつ ( )にち ( )ようび　レベル ★★★★☆

はしわたり　めいろ

イグアナに　えさを　あげながら
➡から　⇨まで、めいろを　たどりましょう。
すべての　しまを　1どずつ　とおってね。

ポイントを通過する条件付きの迷路です。各ポイントで、次はどのようなルートでポイントにいくかを考えながら解いてみましょう。

( )がつ ( )にち ( )ようび

レベル ★★★★☆

トンネル めいろ

できるだけ たくさんの トンネルを くぐりぬけて
➡からから ➡まで、めいろを たどりましょう。

立体の迷路です。見えていない部分は想像しながら進めていきましょう。難しい場合は、「ここは、つながっているかな」と各ポイントで質問してあげてください。

(　　)がつ (　　)にち (　　)ようび　レベル ★★★☆☆

いきもの　めいろ

➡から ➡まで、めいろを たどりましょう。
いきどまりでは おなじ いきものに ワープできるよ。

( )がつ ( )にち ( )ようび　レベル ★★★☆☆

だれが　たべるかな？

4にんの　まんなかに　ケーキが　あるよ。
ケーキまでの　めいろを　たどろう。
ケーキを　たべられるのは　だれかな。

複雑に見えますが、ルートが4つに分かれているだけで基本の迷路と同じです。まずは指でなぞってみましょう。すべてのルートをたどっていけば、解くことができるはずです。

( )がつ ( )にち ( )ようび　レベル ★★☆☆

まんまる　めいろ

くっついている　まんまるの　みちを　とおりぬけて
➡から　➡まで、めいろを　たどりましょう。

基本の迷路です。すぐに解答を書いてしまわずに、まずは指でなぞってみましょう。よく考えて、確認することが大切です。先を見通す力を養いましょう。

(　)がつ （　　 ）にち （　　　 ）ようび　　レベル ★★★☆☆

しんごう　めいろ

しんごうが　あおの　みちを　とおって
➡から　⇨まで、めいろを　たどりましょう。

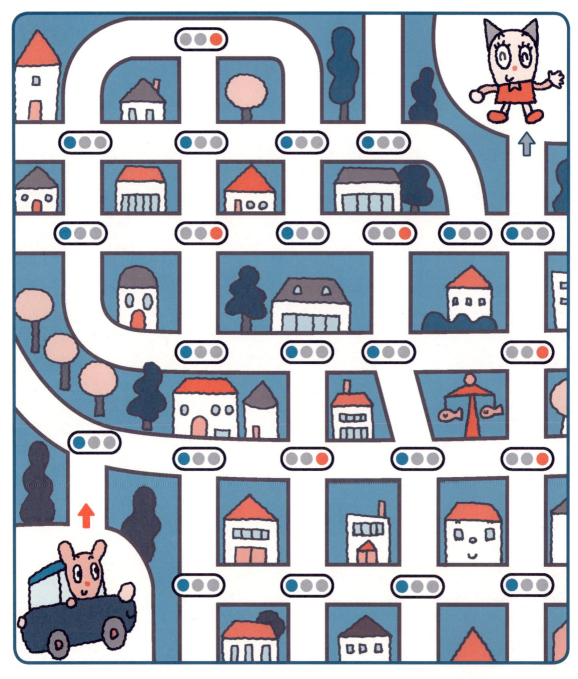

( )がつ ( )にち ( )ようび　　レベル ★★★☆☆

ブロック　めいろ

はしごを　のぼりおり　しながら
➡から　⇨まで、めいろを　たどりましょう。

立体の迷路です。見えていない部分はありませんが、立体物が積み重なっている道は、空間把握能力を養うことができます。難しい場合は、ブロックの上下の関係を一緒に考えてあげてください。

（　　）がつ（　　）にち（　　）ようび　レベル ★★★★☆

だれが　つれたかな？

さかなつりを　しているよ。
あみだくじで　たどってみよう。
つれたのは　だれかな。

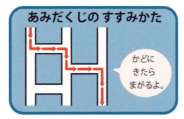

( )がつ （ ）にち （ ）ようび　　レベル ★★★★★

なぞなぞ　めいろ

なぞなぞに　こたえながら
➡️から　➡️まで、めいろを　たどりましょう。

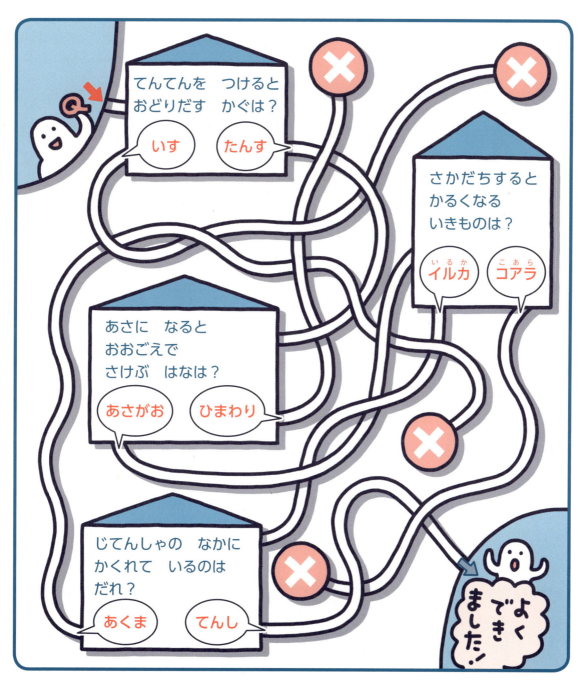

（　　）がつ（　　）にち（　　）ようび　　レベル ★★★☆☆

たなばた　めいろ

➡から ➡まで、めいろを たどりましょう。
ひこぼしと おりひめは あうことが できるかな。

( )がつ（ ）にち（ ）ようび　レベル ★★★★☆

ハロウィン　めいろ

➡️から ➡️まで、めいろを たどりましょう。
ゼリービーンズ →あめ →チョコ →ビスケット の
じゅんばんに おかしを 1こずつ もらってね。

(　)がつ（ 　 ）にち（ 　 ）ようび　レベル ★★★☆☆

かいだん　めいろ

かいだんを　のぼりおり　しながら
➡から　➡まで、めいろを　たどりましょう。

(　)がつ（ 　)にち（ 　 　)ようび　　レベル ★★★★☆

おでかけ　めいろ

くるまで　りったいの　みちを　とおりぬけながら
➡から　⇨まで、めいろを　たどりましょう。

立体の迷路です。見えていない部分は想像しながら進めていきましょう。難しい場合は、「ここは、つながっているかな」と各ポイントで質問してあげてください。

(）がつ（ ）にち（ ）ようび　レベル ★★★★★

いくつに　なるかな？

できるだけ　バナナを　たくさん　あつめながら、
➡から　➡まで、めいろを　たどりましょう。
いくつ　あつめる　ことが　できたかな。

数を使った条件付きの迷路です。数を数えて、記憶しながら解きましょう。反対に、数が少なくなるルートをたどることもできます。

(）がつ （ ）にち （ ）ようび　レベル ★★★★★

けいさん　めいろ

けいさんの　こたえが　あっている　みちを　えらんで
➡から　➡まで、めいろを　たどりましょう。
しょうじょうが　もらえるかな。

( )がつ ( )にち ( )ようび レベル ★★★★★

おそうじ めいろ

すべての へやを 1どずつ とおって
おそうじを しながら
➡から ➡まで、めいろを たどりましょう。

( )がつ ( )にち ( )ようび　レベル ★★★★★

パトロール　めいろ

ビルの　すべての　へやを　1どずつ　とおって、
パトロールを　しながら

➡️から　⇨まで、めいろを　たどりましょう。

ポイントを通過する条件付きの立体の迷路です。見えていない部分は想像しながら進めていきましょう。難しい場合は、「ここは、つながっているかな」と各ポイントで質問してあげてください。

( )がつ ( )にち ( )ようび

なにに なるかな？

●から ◉まで、めいろを たどりましょう。
できたら とおった みちに いろを ぬってね。
なにに なるかな。

レベル ★★★★★

( )がつ ( )にち ( )ようび

はいたつ めいろ

1→2→3の じゅんに にもつを とどけながら
➡から ➡まで、めいろを たどりましょう。
おなじ みちを とおらずに もどって こられるかな。

レベル ★★★★☆

めいろの こたえ

1
2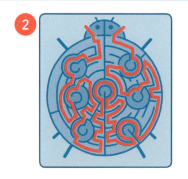
3
4 ロボット
5 かに
6
7
8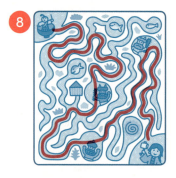
9
10
11
12 くじら
13 ヘリコプター
14
15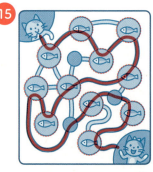

⑯ じてんしゃ

⑰ カンガルー

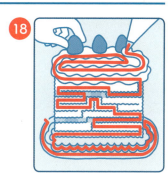
⑱

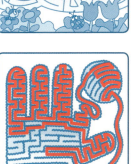
⑲

⑳ おこのみやき

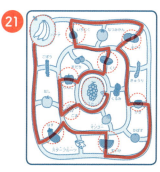
㉑

㉒

㉓

㉔

㉕

㉖

※5この　トンネルを　とおります。

㉗

※ワープした　いきものは　「らいおん」　ふくろう→へび→さる に なります。

㉘

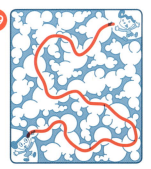
㉙

㉚

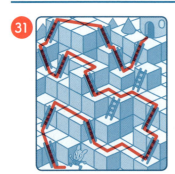

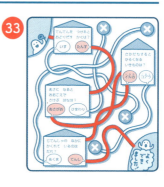

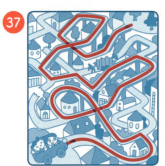
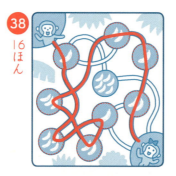

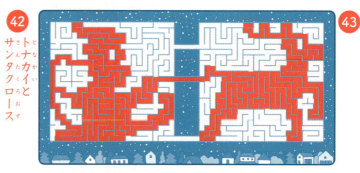
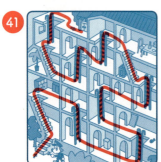